PAIDEIA
ÉDUCATION

MIXTE
Papier issu de sources responsables
Paper from responsible sources
FSC® C105338

HOMÈRE

L'Odyssée

Analyse littéraire

© Paideia éducation.

22 rue Gabrielle Josserand - 93500 Pantin.

ISBN 978-2-75930-459-2

Dépôt légal : Septembre 2023

Impression Books on Demand GmbH

In de Tarpen 42

22848 Norderstedt, Allemagne

SOMMAIRE

- Biographie de Homère.. 9

- Présentation de *L'Odyssée*... 15

- Résumé du live.. 19

- Les raisons du succès... 33

- Les thèmes principaux.. 39

- Étude du mouvement littéraire.................................... 45

- Dans la même collection... 49

BIOGRAPHIE
HOMÈRE

Homère est le nom de l'auteur supposé de deux grandes épopées de l'Antiquité, l'*Iliade* et l'*Odyssée*. On ne sait rien de précis sur la composition de l'*Iliade* et de l'*Odyssée*, si ce n'est qu'elles ont été composées probablement vers le milieu du VIIIe siècle avant Jésus-Christ en Ionie (une région du monde grec antique située à l'ouest de l'Asie mineure, entre Phocée et Milet), puis fixées à l'écrit au VIe siècle avant Jésus-Christ à Athènes : on ne sait pas si elles ont eu un ou plusieurs auteurs ; il est quasiment certain qu'avant d'être fixées à l'écrit, elles ont fait l'objet de modifications et d'ajouts au fil de leur transmission orale. Il est donc difficile de se prononcer sur l'identité du ou des auteurs. La notion d'auteur, dans l'Antiquité, était très différente de la nôtre : il n'y avait pas de droit d'auteur, et des œuvres comme l'*Iliade* et l'*Odyssée* appartenaient au patrimoine littéraire commun de tous les Grecs, avant d'être le fait d'un seul artiste.

Néanmoins, dès l'Antiquité, on met un nom derrière ces deux textes : Homère, dont la réalité de l'existence est incertaine. Pour les Anciens, il était un modèle, de morale d'abord, littéraire ensuite. Il était appelé « le Poète », et considéré comme inspiré par les Muses. On le représentait comme un aède aveugle, comme l'aède Démodocos de l'*Odyssée* (venant d'un verbe grec qui signifie « chanter », le terme « aède » désigne un poète qui récite et chante des épopées en s'accompagnant d'une espèce de cithare appelée « phorminx », à la fois poète, interprète, acteur et musicien). Le poète aveugle est un lieu commun de la littérature grecque : pour les Anciens, on ne pouvait devenir poète si on ne voyait pas au-delà de la réalité du monde, ce que la cécité facilite. Un aveugle avait un lien plus aisé avec les Muses, déesses des arts. Beaucoup de fausses biographies ont été écrites au sujet d'Homère. Individu historique ou construction légendaire, Homère est devenu un personnage cher à l'imaginaire collectif des Grecs de l'Antiquité, et demeure une figure symbolique de poète dans l'imaginaire occidental.

On a aussi attribué à Homère d'autres poèmes, sous le nom d'*Hymnes homériques* : ce sont des poèmes épiques courts composés après l'Iliade et l'Odyssée, entre le VIIe siècle et le IVe siècle avant Jésus-Christ. Ils ne peuvent donc être le fait d'un seul auteur, et certainement pas d'Homère, mais utilisent, comme l'*Iliade* et l'*Odyssée*, l'hexamètre dactylique (voir la partie intitulée « Étude du mouvement littéraire de l'auteur »).

De la vie d'Homère, on ne sait donc pas grand' chose, si tant est qu'il ait existé. L'histoire de ses textes permet de comprendre pourquoi la « question homérique » demeure aujourd'hui encore sans réponse nette.

Dès le IIIe siècle avant Jésus-Christ, certains érudits ont signalé dans les textes des passages peu fiables, qu'ils n'ont pas voulu attribuer à Homère : selon les écoles et les époques, selon les versions et les traductions, certains vers sont supprimés ou mis entre parenthèses. Les querelles sur l'authenticité de ces passages, et sur l'identité de leur auteur, ont continué depuis lors jusqu'à nos jours. Et aujourd'hui les historiens restent divisés sur la question de l'existence d'Homère. Certains affirment que l'*Iliade* et l'*Odyssée* sont le fruit d'une écriture à plusieurs mains, à des époques différentes : en effet ces textes intègrent des poèmes plus anciens qu'eux, et seraient donc une sorte de patchwork de textes « cousus » ensemble. Par ailleurs la langue homérique est faite de plusieurs dialectes, notamment ionien (d'où l'hypothèse de la naissance d'Homère en Ionie), mais pas uniquement. Enfin les deux épopées homériques contiennent quelques incohérences narratives, d'où l'hypothèse de plusieurs auteurs différents qui auraient successivement rajouté des passages sans veiller au respect de l'histoire originelle.

Pour d'autres érudits, l'unité stylistique et littéraire des deux épopées est telle que seul un auteur unique a pu les composer, ou, à la limite, deux auteurs, Homère et un continuateur de son école, un disciple du Poète. Une autre théorie serait qu'on doit l'*Iliade* et l'*Odyssée* à une famille ou une école d'aèdes qui aurait assuré sur plusieurs générations la transmission et la composition des deux textes, leur conservant leur cohérence mais en les modifiant et les augmentant au fil de la transmission. Dans l'Antiquité, des rhapsodes originaires de Chios se sont appelés « Homérides », « fils d'Homère ». Leur existence est attestée à partir du VIe siècle. Il est possible qu'ils aient participé à la transmission puis la mise par écrit des deux épopées, pourquoi pas à leur composition.

Quelque théorie qu'on puisse formuler au sujet de l'*Iliade*, de l'*Odyssée* et de leur(s) auteur(s), ces deux poèmes restent la base d'une très longue tradition épique et poétique occidentale et font l'objet de nombreuses réécritures.

PRÉSENTATION DE L'ODYSSÉE

L'*Odyssée* est une épopée orale, de 12 100 vers environ. Le temps et les circonstances de sa composition sont difficiles à définir. Mais l'impact et l'influence de ce texte sur notre culture occidentale sont tels que, malgré ce manque d'informations, on continue à le considérer comme un chef-d'œuvre incontournable de la culture occidentale. On l'attribue à Homère, dont on ne sait pas s'il a réellement existé. Mais Homère, figure historique ou forgée de toute pièce, demeure un modèle de poésie, un modèle pour tout auteur. Il continue à inspirer beaucoup d'artistes, écrivains, cinéastes, dramaturges. Pourquoi l'*Odyssée* a-t-elle provoqué tant de débats et de recherches ? Pourquoi continue-t-elle à être lue ? Pourquoi a-t-elle marqué le paysage littéraire occidental de façon aussi durable ?

L'*Odyssée* est non seulement un récit merveilleux et héroïque, elle est l'histoire de l'humanité même, qui, confrontée à des puissances supérieures, à une nature violente ou à un destin implacable, parvient à affirmer sa liberté.

RÉSUMÉ DU LIVRE

L'*Odyssée* a fait l'objet de nombreuses traductions, et peut être lue en différentes versions. Lorsque son texte a été mis par écrit par des érudits alexandrins au IIIe siècle av. JC, ces derniers l'ont découpé en vingt-quatre parties, ordinairement appelés « chants ». En effet, l'*Odyssée* est d'abord un texte poétique destiné à être récité avec un accompagnement musical. Certaines traductions s'attachent plus que d'autres à reproduire cette dimension musicale. Celle de Victor Bérard (Homère, *Odyssée*, trad. de Victor Bérard, éd, Les Belles lettres, Paris, 1924) reproduit, très agréablement pour l'oreille française, ce souffle poétique en employant une prose très rythmée, avec des alexandrins blancs. Plus récemment la traduction de Philippe Jacottet, plus moderne, recherche également à reproduire un rythme poétique, en respectant aussi la lettre du texte, sans trahir son sens premier (Homère, *Odyssée*, traduction de Philippe Jacottet, La découverte, Paris, 2004).

Chant I

Le poète invoque la Muse, pour qu'elle raconte les aventures d'Ulysse, « l'homme aux mille tours ». La guerre de Troie est finie, les soldats grecs qui ne sont pas morts sont rentrés chez eux, sauf Ulysse, qui est retenu captif par Calypso, une nymphe, sur son île. Sa femme Pénélope subit les avances pressantes de prétendants qui veulent prendre la place et les biens d'Ulysse. Athéna, déesse de la sagesse, décide d'aller, sous l'apparence de Mentès, un ami d'Ulysse, conseiller et réconforter Télémaque, le fils d'Ulysse. Athéna conseille à Télémaque d'entreprendre un voyage pour chercher son père. Télémaque ose tenir tête aux prétendants qui festoient dans sa maison.

Chant II

Télémaque prépare son départ à l'insu de sa mère ; Athéna l'aide, sous les traits de Mentor. Le navire part d'Ithaque.

Chant III

Télémaque, accompagné de Mentor-Athéna, s'arrête à Pylos, pour demander à Nestor des nouvelles d'Ulysse ; Nestor lui raconte la mort d'Agamemnon tué, à son retour, par Égisthe et Clytemnestre, mais ne sait rien d'Ulysse. Il lui conseille d'aller voir Ménélas à Sparte, car Ménélas est le dernier à être rentré de Troie. Il prête des chevaux à Télémaque pour s'y rendre. Son fils Pisistrate accompagne Télémaque.

Chant IV

Ménélas et Hélène les accueillent chaleureusement. Ménélas raconte qu'il a appris de Protée, un dieu, qu'Ulysse était captif de Calypso et encore vivant. Pendant ce temps à Ithaque, les prétendants ont appris le départ de Télémaque. Ils préparent une embuscade pour son retour, menée par Antinoos, pour se débarrasser définitivement de lui : Télémaque est un obstacle. Le héraut Médon prévient Pénélope de ce projet.

Chant V

Cédant aux instances d'Athéna, Zeus, le maître des dieux, envoie Hermès, le dieu messager, auprès de Calypso, pour lui donner l'ordre de laisser partir Ulysse. Calypso obéit et aide Ulysse à construire un radeau. Il part et navigue pendant dix-sept jours. Le dix-huitième, la côte est en vue. Mais Poséidon, dieu de l'océan et ennemi d'Ulysse, rentre d'un long voyage au bout du monde, et aperçoit Ulysse sur le point de rentrer chez lui ; furieux, il provoque une tempête et détruit son radeau. Ulysse en réchappe de justesse et dérive pendant deux jours, accroché à un mât. Le troisième jour, le vent tombe, grâce à Athéna qui commande aux vents de s'arrêter. Un rivage est en vue. Ulysse trouve l'embouchure d'un fleuve, et aborde enfin sur la terre ferme. Épuisé, il trouve un bois qui domine le fleuve et s'endort sous un olivier.

Chant VI

Ulysse est arrivé en Phéacie. Athéna apparaît en songe à Nausicaa, fille d'Alkinoos, le roi des Phéaciens, et lui inspire d'aller faire la lessive près de l'embouchure du fleuve. Elle s'y rend avec ses suivantes. Après la lessive, elles jouent à la balle et réveillent Ulysse, qui surgit des broussailles. D'abord effrayée à sa vue, Nausicaa est rassurée par ses paroles respectueuses. Ulysse lui demande l'hospitalité. Nausicaa lui indique le manoir de son père, mais par prudence lui conseille de s'y rendre sans elle.

Chant VII

Sur le chemin, Athéna cache Ulysse à la vue des Phéaciens et il arrive sans encombre chez Alkinoos. Il suit les conseils de Nausicaa et salue en premier sa mère, la reine. Accueilli au palais, Ulysse raconte au roi et à la reine son périple depuis l'île de Calypso mais ne révèle pas qui il est. Il prie les Phéaciens de l'aider à rentrer chez lui.

Chant VIII

Alkinoos et les Phéaciens se réunissent autour d'Ulysse. Un aède se met à chanter et raconte… la querelle d'Ulysse et d'Achille, un épisode de la guerre de Troie. En l'entendant, Ulysse pleure et tente de cacher son trouble. Alkinoos s'en aperçoit et met fin au festin. Pour fêter cet invité, des jeux sont organisés : Ulysse brille particulièrement au lancer de disque et les étonne. L'aède reprend ses chants et raconte les amours d'Arès et Aphrodite (Aphrodite était mariée à Héphaïstos et l'a trompé avec Arès. Héphaïstos, furieux, les capturent sous un filet pendant leurs ébats et réclame réparation aux dieux : il devient la risée de l'Olympe). Le soir venu, Ulysse lui demande de raconter la fin de la guerre de Troie. À ce récit, il pleure à nouveau et à nouveau Alkinoos s'en aperçoit. Il lui demande enfin son nom.

Chant IX

Commence le début du récit d'Ulysse. Celui-ci révèle son identité et raconte son périple depuis qu'il a quitté Troie. À cause de Poséidon, il a longtemps erré avec son équipage, tout d'abord chez les Lotophages, qui, comme l'indique leur nom, mangent le fruit du lotus ; ce fruit fait perdre la mémoire et Ulysse a dû ramener de force certains de ses compagnons au navire. Ils ont ensuite navigué jusqu'à l'île des Cyclopes, géants à un œil, et fils de Poséidon. Ulysse ne résiste pas à rencontrer et défier le cyclope Polyphème. Accompagné de quelques membres de son équipage, il se rend à la caverne où celui ci habite. Mais Polyphème dévore deux hommes et enferme les autres dans sa grotte. Pour les sortir de là, Ulysse a l'idée de saouler Polyphème avec du vin et, profitant de son ébriété, lui crève l'œil. Polyphème étant dorénavant aveugle,

Ulysse et ses compagnons parviennent à s'enfuir en s'accrochant sous le ventre des moutons que possède le Cyclope. Ils regagnent leurs navires avec le troupeau du Cyclope. Polyphème, réclame vengeance à son père Poséidon.

Chant X

Ulysse et ses compagnons arrivent dans l'île d'Éole, dieu des vents. Éole les accueille et enferme les vents dans une outre qu'il remet à Ulysse, pour lui permettre de rentrer chez lui sans encombres. Dix jours plus tard, ils sont en vue de la côte. Mais ses compagnons intrigués et jaloux de l'outre aux vents, l'ouvrent pendant le sommeil d'Ulysse. Les vents délivrés les ramènent en arrière, vers l'île d'Éole, qui, furieux de leur inconscience, les renvoie sans ménagement. Ils arrivent ensuite au pays lestrygon, le pays des géants. Les compagnons d'Ulysse envoyés en reconnaissance se font dévorer sauf deux qui avertissent les autres. Ils repartent aussi vite qu'ils le peuvent mais les géants furieux leur jettent des rochers avant que les navires aient pu lever l'ancre. Seul le navire d'Ulysse en réchappe. Les rescapés arrivent à Aiaié, l'île de Circé. Circé est une déesse sorcière qui change les hommes en animaux. Les hommes envoyés en éclaireurs par Ulysse sont changés en porcs par Circé. Ulysse se rend à la demeure de Circé pour délivrer ses compagnons. Hermès, désireux de l'aider, lui donne une herbe qui empêchera les sortilèges de Circé de l'atteindre. Ulysse, dès lors insensible aux sortilèges de Circé, oblige cette dernière à rendre leur forme normale à ses compagnons. Circé vaincue les invite à rester chez elle jusqu'au printemps. Au printemps, ils décident de repartir et Circé leur conseille d'aller d'abord aux Enfers demander conseil à l'ombre du devin Tirésias.

Chant XI

Arrivés au lieu indiqué par Circé, ils invoquent les morts par un sacrifice. L'ombre de Tirésias les prévient alors que Poséidon les hait et qu'ils doivent éviter de toucher aux vaches du Soleil quand ils seront sur son île ; il avertit aussi Ulysse que des prétendants ont envahi son manoir et dévorent ses biens. Ulysse voit aussi l'ombre de sa mère, qui lui raconte que Pénélope lui est restée fidèle et l'attend. Il voit aussi beaucoup d'autres ombres.

Ulysse fait une pause dans son récit. Mais Alkinoos curieux lui demande de poursuivre : Ulysse raconte alors qu'il a aussi vu les ombres d'Agamemnon, d'Achille et d'autres guerriers grecs.

Chant XII

Ulysse et son équipage passent devant les Sirènes, dont le chant mélodieux sert à attirer les voyageurs, qu'elles dévorent. Prévenu par Circé avant de poursuivre sa route, Ulysse a mis de la cire dans les oreilles de tous ses compagnons pour ne pas qu'ils entendent les Sirènes. Puis leur navire passe près de Scylla, monstre à plusieurs têtes, qui mange six de ses compagnons. Ils arrivent près de l'île du Soleil. Ulysse ne veut pas s'y arrêter mais ses compagnons lui demandent instamment de les laisser se reposer et jurent de ne pas toucher aux troupeaux du Soleil. Mais une fois arrêtés, ils ne peuvent repartir à cause d'un vent violent. Au bout d'un mois, ils n'ont plus rien à manger. Pendant une absence d'Ulysse, ses compagnons, mourant de faim, tuent des vaches du Soleil. Lorsqu'ils repartent, une tempête s'abat alors sur eux. Le vaisseau est brisé et tous périssent. Ulysse seul en réchappe, sur un radeau qu'il a réussi à construire. Il se retrouve entre

Charybde et Scylla, en réchappe à nouveau, et navigue pendant dix jours. Il arrive alors chez Calypso.

Ulysse achève là son récit, car il a déjà raconté sa captivité chez Calypso.

Chant XIII

Le lendemain, les Phéaciens l'emmènent sur un navire pour le ramener à Ithaque, avec de riches cadeaux. Sur le navire, Ulysse s'endort. Les Phéaciens, sans le réveiller, déposent Ulysse sur le sol d'Ithaque, sous des oliviers. Poséidon, voyant cela, est furieux. Pour lui plaire, Zeus change en pierre le vaisseau des Phéaciens alors qu'ils arrivent en vue de leur port, parce qu'ils ont ramené chez lui Ulysse. Ulysse pendant ce temps s'éveille sans reconnaître Ithaque. Athéna lui apparaît sous l'apparence d'un berger et lui apprend qu'il est à Ithaque. Elle modifie l'apparence d'Ulysse pour qu'il puisse se venger des prétendants sans se faire reconnaître et récupérer sa femme et son trône. Il ressemble donc à un vieillard mendiant. Athéna se rend à Sparte pour chercher Télémaque resté là-bas.

Chant XIV

Ulysse se rend d'abord chez Eumée, porcher fidèle de son domaine, qui l'accueille sans le reconnaître. Ulysse s'invente une histoire et une fausse identité, et raconte avoir appris qu'Ulysse allait rentrer. Il reste dîner et dormir chez Eumée.

Chant XV

Athéna va trouver Télémaque à Sparte et l'avertit du complot des prétendants. Elle lui conseille de rentrer à Ithaque par un autre chemin et de passer la nuit chez Eumée pour leur échapper. Ménélas et Hélène le laissent partir en le comblant de cadeaux.

Pendant ce temps, Ulysse demande à Eumée des nouvelles de ses parents, et l'informe de son projet de se rendre au palais, au banquet des prétendants. Eumée lui raconte son enfance et son enlèvement par des Phéniciens.

Télémaque pendant ce temps accoste à Ithaque et se dirige chez Eumée.

Chant XVI

Télémaque arrive chez Eumée. Il embrasse Eumée, comme un père, et ne reconnaît pas Ulysse sous ses habits de mendiant. Télémaque envoie Eumée dire à sa mère qu'il est vivant, pour la rassurer. Alors Athéna apparaît à Ulysse et lui conseille de se révéler à son fils pour pouvoir élaborer un plan avec lui. Elle lui redonne momentanément son aspect normal. Ulysse se fait reconnaître de Télémaque.

Pendant ce temps les prétendants se rendent compte que Télémaque leur a échappé. Antinoos veut le tuer au plus vite. Les autres prétendants veulent en finir avec lui, en attendant le bon moment.

Eumée rentre chez lui ; Ulysse a repris son apparence de vieillard.

Chant XVII

Télémaque rentre au palais pour rassurer Pénélope et lui raconter son voyage. Le soir, Eumée et Ulysse partent à la ville. Arrivé au palais, personne ne reconnaît Ulysse, sauf son vieux chien, Argos, qui meurt après avoir revu son maître. Les prétendants se moquent d'Ulysse quand il vient mendier son repas à leur table. Antinoos lui lance même un tabouret sur l'épaule. Les autres prétendants en sont irrités : « Si c'était par hasard quelqu'un des dieux du ciel ! » disent-ils à Antinoos. Pénélope apprend l'arrivée du mendiant et demande à le voir. Ulysse lui fait dire qu'il préfère attendre que les prétendants soient partis. Eumée rentre chez lui.

Chant XVIII

Un vrai mendiant, Iros, survient. Il insulte Ulysse. Ils se battent et Ulysse le met dehors. Pénélope descend dans la salle. Les prétendants lui font des présents. Ulysse conseille aux servantes qui sont dans la salle de se retirer. L'une d'elle l'insulte. Il se promet de se venger des servantes infidèles comme des prétendants. Les prétendants se retirent pour la nuit.

Chant XIX

Télémaque et Ulysse prennent des armes pour préparer la bataille du lendemain contre les prétendants. Pénélope vient parler avec Ulysse, qui se fait passer pour un crétois. Pénélope pleure et ne le reconnaît pas. Euryclée, la vieille nourrice qui a élevé Ulysse, vient lui laver les pieds. Elle le reconnaît à une cicatrice qu'il a au pied, blessure qu'il a reçue d'un sanglier lors d'une chasse avec son grand père Autolycos. On apprend que c'est Autolycos qui a trouvé le nom d'Ulysse, qui vient du verbe « se fâcher » en grec. Pénélope, qui ne se rend compte de rien, apprend à Ulysse qu'elle veut organiser un jeu pour les prétendants : le gagnant sera celui qui pourra tendre l'arc d'Ulysse et envoyer une flèche dans douze haches. Ils vont dormir.

Chant XX

Tout le monde dort mais Ulysse médite sa vengeance. Athéna lui « verse le sommeil ». Le lendemain, les prétendants reviennent au palais et reprennent leur festin et leurs insultes envers Ulysse, toujours déguisé ; à un moment donné, les prétendants se mettent à rire sans pouvoir s'arrêter, à cause d'Athéna : c'est un signe précurseur de leur mort effroyable.

Chant XXI

Pénélope propose alors le jeu des douze haches. Tous les prétendants échouent. Pendant ce temps, Ulysse se fait reconnaître discrètement d'Eumée et de Philoetios, un bouvier fidèle. Ils vont l'aider dans sa vengeance. Puis, Ulysse se propose de tirer lui-même à l'arc. Les prétendants se moquent de lui mais Pénélope l'invite à le faire. Télémaque dit à sa mère de se retirer, ce qu'elle fait. Ulysse tire sans problème à l'arc, à la surprise générale.

Chant XXII

Profitant de cette surprise, Ulysse et Télémaque saisissent les armes qu'ils ont préparées. Ulysse tue Antinoos en premier. Les prétendants le reconnaissent alors. Il tue ensuite Eurymaque. Puis tous les autres prétendants, avec l'aide de Télémaque, d'Eumée et de Philoétios. Athéna aide Ulysse et détourne les piques des prétendants de lui. Il n'en épargne aucun. Il fait nettoyer la salle par les servantes puis les tuent toutes par pendaison.

Chant XXIII

Euryclée va alors annoncer à Pénélope qu'Ulysse est revenu. Pénélope descend voir Ulysse. Elle ne sait d'abord que dire. Ulysse se lave et Athéna lui enlève son apparence de mendiant. Pénélope, méfiante, demande à Euryclée de lui préparer leur lit : c'est une façon de tester Ulysse, qui seul sait que leur lit a été fait dans le tronc d'un olivier autour duquel ils ont construit la maison. Elle le reconnaît ainsi. Ils pleurent. Athéna rallonge la nuit pour eux. Le lendemain, ils se préparent à affronter les familles des prétendants. Ulysse va voir son père Laërte.

Chant XXIV

Les âmes des prétendants sont conduites aux Enfers par Hermès où ils racontent le retour d'Ulysse à Agamemnon et Achille. Quand Ulysse vient le voir, Laërte ne le reconnaît pas tout de suite : celui-ci commence par se faire passer pour un autre puis ne résiste pas à se révéler à son père. Pour se faire reconnaître, il lui montre sa cicatrice et lui décrit ses champs et ses arbres fruitiers. Pendant qu'ils partagent un repas, les habitants d'Ithaque apprennent le massacre et ensevelissent les prétendants. Une assemblée se tient : l'avis des habitants d'Ithaque est mitigé, les parents des prétendants sont furieux. Ulysse et les siens commencent à s'attaquer aux opposants ; mais Athéna intervient et rétablit la concorde en faisant entendre sa voix.

LES RAISONS
DU SUCCÈS

Pourquoi les Anciens admiraient tant les œuvres homériques ? Pourquoi l'*Iliade* et l'*Odyssée*, encore aujourd'hui, font-elles partie de notre culture et continuent à être lues ?

L'*Iliade* et l'*Odyssée*, les deux épopées dites « homériques », sont nées probablement vers le milieu du VIIIe siècle avant Jésus-Christ, l'*Odyssée* un peu après l'*Iliade*. La langue utilisée indique qu'elles ont été composées en Ionie d'Asie, où les Grecs avaient des colonies. Puis, ces épopées se sont longtemps transmises oralement. On sait que dès le VIIe siècle, l'*Iliade* et l'*Odyssée* étaient diffusées sur les deux rives de la mer Égée, sous forme orale, avant d'atteindre une phase plus stable, avant d'être fixées par écrit : une première fois au VIe siècle avant Jésus-Christ à Athènes puis, au IIIe siècle avant Jésus-Christ, à Alexandrie, sous une forme qu'on connaît encore aujourd'hui, divisées en 24 chants. L'établissement d'un texte fixe et définitif a donc été un processus relativement long, et certains passages, comme on l'a vu dans la biographie d'Homère, demeurent incertains.

Réciter Homère était, dans l'Antiquité, et ce pendant plusieurs siècles, un moyen d'éducation historique, mythologique, technique et surtout morale. De la construction d'un radeau à la façon d'accueillir convenablement celui qui demande l'hospitalité, les épopées d'Homère sont des textes pédagogiques, qui constituent le fond commun culturel de la Grèce. Platon, qui pourtant n'appréciait pas beaucoup les poètes, qualifie Homère d' « éducateur de la Grèce » ; les enfants apprenaient à l'école, dès leur plus jeune âge, de longs passages de l'*Iliade* et de l'*Odyssée* par cœur. Les héros de la guerre de Troie sont des modèles, en termes d'honneur, comme Achille ; d'intelligence, comme Ulysse ; de vaillance, comme Diomède ou Hector ou encore de sagesse, comme Nestor. Parallèlement à cette fonction morale de l'épopée, l'*Iliade* et l'*Odyssée* contiennent également un grand nombre d'informations pratiques et historiques, sur la vie quotidienne, et sur la guerre de Troie, qui était, déjà pour les Grecs, un passé lointain et mythologique. Les épopées ont donc aussi une importance sociale et donnent à la civilisation grecque ancienne, faite de cités parfois éloignées les unes des autres, tant géographiquement que politiquement, une identité culturelle commune, avec le passé commun d'une guerre qui les a unies. À l'échelle de la cité elle-même, les récitations des rhapsodes étaient l'occasion de réunir les citoyens, notamment à Athènes.

Enfin, ces épopées, de l'Antiquité à nos jours, ont une dimension esthétique importante et ont été, depuis Aristote, érigées en modèles littéraires, en raison non seulement du contenu du récit, mais aussi de leur forme poétique admirable. Elles fondent le genre épique, mais aussi, en un sens, le genre romanesque : ces épopées sont les premiers récits mis par écrit et transmis, qui, par le biais de la fiction, permettent aux hommes occidentaux de se raconter eux-mêmes.

L'ancienneté de ces textes en fait un champ important d'investigation pour l'histoire et l'archéologie. Mais ces textes ont bien d'autres qualités qui expliquent leur succès et leur place dans l'horizon culturel français et occidental d'aujourd'hui : ils témoignent d'une vision du monde très ancienne, tout en restant très accessibles au lecteur moderne ; ils n'ont pas fait, au cours des siècles, l'objet d'une appropriation particulière : les textes homériques n'ont jamais été considérés comme sacrés ; au contraire ils ont toujours été interprétés en toute liberté, engendrant des débats (Hélène est-elle la cause de la guerre de Troie ?) et des interrogations dans toute l'Antiquité ; ils continuent à être l'objet de débats esthétiques et historiques, et une source de création. En effet, si l'*Iliade* et l'*Odyssée* sont encore lues aujourd'hui, c'est qu'elles sont encore des références essentielles dans notre littérature. Par exemple, lire Racine sans connaître l'*Iliade* ne permet pas d'en saisir toutes les références : la tragédie de Racine *Andromaque*, par exemple, met en scène la veuve d'Hector, captive de Pyrrhus après la guerre de Troie. Elle reste fidèle aux sentiments qu'elle éprouve dans l'*Iliade*. Les épopées homériques restent un champ ouvert à la créativité des écrivains, depuis l'*Énéide* de Virgile, qui invente la suite des aventures d'Énée, héros de l'*Iliade*, pour en faire le fondateur de Rome, jusqu'à *Naissance de l'Odyssée* de Giono, un roman qui est une réécriture de l'*Odyssée*. Les cinéastes et dramaturges continuent aussi à en faire des adaptations.

LES THÈMES
PRINCIPAUX

Les thèmes principaux de l'Odyssée sont la confrontation des hommes avec les divinités, l'intelligence humaine et la fidélité.

La confrontation des hommes avec les divinités

Confrontation tout d'abord entre l'homme et les dieux, qui incarnent, dans l'imaginaire grec, à la fois les forces de la nature (par exemple l'océan pour Poséidon), les passions humaines (par exemple l'amour pour Aphrodite) et les forces du destin (Zeus). Ulysse s'oppose donc aux dieux, en ce que son intelligence lui permet de survivre aux forces hostiles de la nature, en ce que sa fidélité à Pénélope lui permet d'échapper aux filets des déesses qu'il croise (Calypso, Circé), et en ce que son désir de rentrer lui donne un pouvoir de décision qui le rend libre de son destin. Ulysse va donc survivre à cette confrontation, notamment à la confrontation avec Poséidon, pourtant surnommé « le Puissant ». Pour les Anciens, la mer est un élément dangereux et terrifiant, dont ils ne connaissaient pas les limites. Le fait qu'Ulysse y survive est une véritable victoire de l'homme sur la nature. Il n'accomplit pas cela entièrement seul : Athéna, déesse de la sagesse, qui incarne l'intelligence, l'a pris sous son aile. En cela, Athéna prend parti pour l'homme (Ulysse) contre la nature (Poséidon). Zeus (le destin), s'il cède aux instances d'Athéna, reste neutre, puisqu'il cède aussi aux prières de Poséidon en punissant les Phéaciens.

L'intelligence humaine

En Ulysse, l'intelligence humaine est exaltée. Ce sont les premiers mots de l'*Odyssée* : « C'est l'homme aux mille tours, Muse, qu'il faut me dire. » Ulysse cependant n'est pas caractérisé par son « hybris » (« L'hybris » est une notion grecque souvent traduite par « démesure ». C'est un sentiment d'orgueil, qui pousse un individu à aller plus loin que les lois, divines ou humaines, ne le permettent. Les Grecs lui opposaient la tempérance, et la modération. Dans la Grèce antique, « l'hybris » était considérée comme un crime) : il ne se prend pas pour un dieu et ne cherche pas à les défier frontalement. Une des rares erreurs qu'il commet est d'insulter le cyclope Polyphème, et à travers lui Poséidon. C'est la seule fois où il défie les dieux. Dans le reste du récit, il est caractérisé, au contraire, par sa ruse et sa prudence : c'est pourquoi sans doute il rentre en vie chez lui, alors que des héros autrement puissants que lui (Hector, Achille) ne sont pas revenus de la guerre de Troie. D'ailleurs, Ulysse est capable de rentrer chez lui sain et sauf seulement grâce à l'aide d'Athéna, qui intervient en sa faveur auprès de Zeus, le conseille judicieusement et même agit physiquement lors du combat contre les prétendants en protégeant Ulysse. Mais la ruse d'Ulysse ne dépend pas entièrement d'Athéna : c'est de son propre chef, en effet, qu'il raconte de fausses histoires et s'invente de fausses identités, pour se protéger. Ainsi au chant XIII Athéna s'amuse de ce qu'Ulysse, qui ne l'a pas reconnue sous l'apparence d'un berger, lui décline une fausse identité.

La fidélité

C'est pourquoi, outre sa ruse et ses talents de conteur, la plus grande force d'Ulysse, à travers laquelle il fait preuve d'une liberté proprement humaine face au destin préparé par les dieux, c'est sa fidélité. Fidélité à sa femme et à sa famille, fidélité à son foyer et à sa patrie : sans cesse il désire rentrer chez lui et résiste, ou finit par renoncer, aux tentations de Calypso et de Circé. Fidélité aussi à son humanité, puisque Calypso lui propose l'immortalité. C'est dans cette fidélité et cette ténacité que réside sa liberté. Ulysse n'a pas de destinée : il choisit de rentrer chez lui. Il est intéressant de constater qu'au contraire des héros de l'*Iliade*, à l'inverse d'Achille notamment, lequel faisait l'objet de prédictions dès le début du récit, et dont la mort était prévue dès le départ, Ulysse n'est pas soumis à un destin précis au début de l'*Odyssée* : Zeus décide de « décréter son retour », mais ne prédit rien concernant sa mort. Seul Tirésias, le devin de Thèbes qu'Ulysse rencontre au milieu des ombres des Enfers, lui fait une prédiction, d'ailleurs mystérieuse, concernant sa mort, qui lui viendra « de la mer ».

ÉTUDE DU MOUVEMENT LITTÉRAIRE

L'Odyssée est une épopée. Qu'est-ce qu'une épopée ?

La forme : Platon distinguait deux modes de discours dans l'épopée : la *diégésis* (simple récit) et la *mimésis* (l'imitation). Cela se traduit par une alternance entre une narration à la troisième personne et le discours direct, très présent. Ainsi, dans l'*Iliade*, en dehors du long épisode du bouclier d'Achille, la description est très peu présente. L'épopée se caractérise donc par un certain style. L'*Iliade* et l'*Odyssée* emploient même une langue particulière, propre à l'épopée, un mélange de dialectes grecs parmi lesquels domine le dialecte ionien. Enfin, les épopées homériques, qui sont avant tout des poèmes, emploient le même mètre pour chaque vers : l'hexamètre dactylique, rythme sur lequel se construisent ces poèmes (un hexamètre dactylique est fait de six mesures composées chacune d'un temps long et de deux temps courts, avec quelques variantes possibles).

Quelques procédés propres aux épopées homériques : Les épopées homériques abondent en formules récurrentes, comme les épithètes dits « homériques » : Achille « au pied léger », Ulysse « aux mille ruses », Athéna « aux yeux pairs » ; ou comme certaines expressions répétées maintes fois : « Alors, il dit », pour introduire un discours. Les comparaisons qui unissent l'univers humain aux phénomènes de la nature sont aussi des procédés épiques : souvent les guerriers qui combattent sont comparés à un « feu ardent » ; ce ne sont d'ailleurs pas simplement les combats physiques, mais aussi les états d'âme qui font l'objet de ces comparaisons : les soupirs d'Agamemnon, au début du chant X de l'*Iliade*, sont comparés aux bruits de la foudre, de la pluie, de la grêle ou de la neige. La mise en abyme est également un procédé propre à l'épopée homérique. Ainsi, les retours en arrière et les « récits dans le récit », très présents dans l'*Odyssée*, engendrent une mise en abyme, et sont l'occasion de réfléchir sur le récit lui-même : par exemple les récits d'Ulysse, conteur talentueux, qui se présente souvent sous une fausse identité, si bien qu'on serait en droit de se demander si le récit central de son voyage ne serait pas lui-même une pure invention. Dans l'*Iliade*, la mise en abyme intervient par exemple lors de la description du bouclier d'Achille, qui contient tout l'univers humain.

Les thèmes : L'épopée est un récit d'aventures, où un ou plusieurs personnages révèlent leurs vertus héroïques par des actions extraordinaires, avec souvent une intervention du merveilleux. La plus grande part de l'*Iliade* est faite de récits de batailles : en ce sens, elle est fondatrice du genre épique occidental, peut-être à plus juste titre que l'*Odyssée*, qui inclue nombre de descriptions de la vie quotidienne et pratique, et dont les événements extraordinaires tendent au retour à l'ordinaire, au chez-soi. Quand, dans l'*Odyssée*, Ulysse voit Achille aux enfers, celui-ci déclare : « J'aimerais mieux, valet de bœufs, vivre en service chez un pauvre fermier, qui n'aurait pas grand-chère, que régner sur ces morts sur tout ce peuple éteint ! » (chant XI, traduction Victor Bérard). L'héroïsme n'est donc pas, dans l'*Odyssée*, une valeur absolue, qui serait au-dessus de la vie. Néanmoins, l'*Odyssée* est bien une épopée : tout comme dans l'*Iliade*, les personnages sont nobles, accomplissent des actions extraordinaires, et sont protégés des dieux. L'épopée se caractérise, on l'a vu, par la présence du merveilleux. Par exemple, dans l'*Iliade*, les chevaux d'Achille, Xanthos et Balios, sont des chevaux divins : ils sont immortels et dotés de la parole. Ils prédisent à Achille sa mort.

DANS LA MÊME COLLECTION
(par ordre alphabétique)

- **Anonyme**, *La Farce de Maître Pathelin*
- **Anouilh**, *Antigone*
- **Aragon**, *Aurélien*
- **Aragon**, *Le Paysan de Paris*
- **Austen**, *Raison et Sentiments*
- **Balzac**, *Illusions perdues*
- **Balzac**, *La Femme de trente ans*
- **Balzac**, *Le Colonel Chabert*
- **Balzac**, *Le Lys dans la vallée*
- **Balzac**, *Le Père Goriot*
- **Barbey d'Aurevilly**, *L'Ensorcelée*
- **Barbey d'Aurevilly**, *Les Diaboliques*
- **Bataille**, *Ma mère*
- **Baudelaire**, *Les Fleurs du Mal*
- **Baudelaire**, *Petits poèmes en prose*
- **Beaumarchais**, *Le Barbier de Séville*
- **Beaumarchais**, *Le Mariage de Figaro*
- **Beauvoir**, *Mémoires d'une jeune fille rangée*
- **Beckett**, *En attendant Godot*
- **Beckett**, *Fin de partie*
- **Brecht**, *La Noce*
- **Brecht**, *La Résistible ascension d'Arturo Ui*
- **Brecht**, *Mère Courage et ses enfants*
- **Breton**, *Nadja*
- **Brontë**, *Jane Eyre*
- **Camus**, *L'Étranger*
- **Carroll**, *Alice au pays des merveilles*
- **Céline**, *Mort à crédit*

- **Céline**, *Voyage au bout de la nuit*
- **Chateaubriand**, *Atala*
- **Chateaubriand**, *René*
- **Chrétien de Troyes**, *Perceval*
- **Cocteau**, *La Machine infernale*
- **Cocteau**, *Les Enfants terribles*
- **Colette**, *Le Blé en herbe*
- **Corneille**, *Le Cid*
- **Crébillon fils**, *Les Égarements du cœur et de l'esprit*
- **Defoe**, *Robinson Crusoé*
- **Dickens**, *Oliver Twist*
- **Du Bellay**, *Les Regrets*
- **Dumas**, *Henri III et sa cour*
- **Duras**, *L'Amant*
- **Duras**, *La Pluie d'été*
- **Duras**, *Un barrage contre le Pacifique*
- **Flaubert**, *Bouvard et Pécuchet*
- **Flaubert**, *L'Éducation sentimentale*
- **Flaubert**, *Madame Bovary*
- **Flaubert**, *Salammbô*
- **Gary**, *La Vie devant soi*
- **Giraudoux**, *Électre*
- **Giraudoux**, *La Guerre de Troie n'aura pas lieu*
- **Gogol**, *Le Mariage*
- **Hugo**, *Hernani*
- **Hugo**, *Les Misérables*
- **Hugo**, *Notre-Dame de Paris*
- **Huxley**, *Le Meilleur des mondes*
- **Jaccottet**, *À la lumière d'hiver*
- **James**, *Une vie à Londres*
- **Jarry**, *Ubu roi*
- **Kafka**, *La Métamorphose*
- **Kerouac**, *Sur la route*

- **Kessel**, *Le Lion*
- **La Fayette**, *La Princesse de Clèves*
- **La Fayette**, *La Princesse de Montpensier*
- **Le Clézio**, *Mondo et autres histoires*
- **Levi**, *Si c'est un homme*
- **London**, *Croc-Blanc*
- **London**, *L'Appel de la forêt*
- **Maupassant**, *Boule de suif*
- **Maupassant**, *Le Horla*
- **Maupassant**, *Une vie*
- **Molière**, *Amphitryon*
- **Molière**, *Dom Juan*
- **Molière**, *L'Avare*
- **Molière**, *Le Malade imaginaire*
- **Molière**, *Le Tartuffe*
- **Molière**, *Les Fourberies de Scapin*
- **Musset**, *Les Caprices de Marianne*
- **Musset**, *Lorenzaccio*
- **Musset**, *On ne badine pas avec l'amour*
- **Perec**, *La Disparition*
- **Perec**, *La Vie mode d'emploi*
- **Perec**, *Les Choses*
- **Perrault**, *Contes*
- **Prévert**, *Paroles*
- **Prévost**, *Manon Lescaut*
- **Proust**, *À l'ombre des jeunes filles en fleurs*
- **Proust**, *Albertine disparue*
- **Proust**, *Du côté de chez Swann*
- **Proust**, *Le Côté de Guermantes*
- **Proust**, *Le Temps retrouvé*
- **Proust**, *Sodome et Gomorrhe*
- **Proust**, *Un amour de Swann*
- **Queneau**, *Exercices de style*

- **Quignard**, *Tous les matins du monde*
- **Rabelais**, *Gargantua*
- **Rabelais**, *Pantagruel*
- **Racine**, *Andromaque*
- **Racine**, *Bérénice*
- **Racine**, *Britannicus*
- **Racine**, *Phèdre*
- **Renard**, *Poil de carotte*
- **Rimbaud**, *Une saison en enfer*
- **Sagan**, *Bonjour tristesse*
- **Saint-Exupéry**, *Le Petit Prince*
- **Sarraute**, *Enfance*
- **Sarraute**, *Tropismes*
- **Sartre**, *Huis clos*
- **Sartre**, *La Nausée*
- **Senghor**, *La Belle histoire de Leuk-le-lièvre*
- **Shakespeare**, *Roméo et Juliette*
- **Steinbeck**, *Les Raisins de la colère*
- **Stendhal**, *La Chartreuse de Parme*
- **Stendhal**, *Le Rouge et le Noir*
- **Verlaine**, *Romances sans paroles*
- **Verne**, *Une ville flottante*
- **Verne**, *Voyage au centre de la Terre*
- **Vian**, *J'irai cracher sur vos tombes*
- **Vian**, *L'Arrache-cœur*
- **Vian**, *L'Écume des jours*
- **Voltaire**, *Candide*
- **Voltaire**, *Micromégas*
- **Zola**, *Au Bonheur des Dames*
- **Zola**, *Germinal*
- **Zola**, *L'Argent*
- **Zola**, *L'Assommoir*
- **Zola**, *La Bête humaine*

- **Zola**, *Nana*
- **Zola**, *Pot-Bouille*